엽기 과학자

프래니

글·그림 짐 벤튼

짐 벤튼은 미국에서 살고 있는 작가이자 만화가이면서 두 아이의 아버지입니다. 짐 벤튼의 독특하고 익살스러운 그림들은 텔레비전이나 장난감, 티셔츠, 축하 카드뿐만 아니라 속옷에도 등장할 만큼 인기가 많답니다. 〈엽기 과학자 프래니〉 시리즈는 짐 벤튼이 어린이들을 위해 펴낸 첫 책으로, 많은 어린이들에게 사랑받고 있습니다. 지금도 짐 벤튼이 일하는 작업실 안에는 어린이들에게 흥미진진하고 재미있는 자료들이 가득하답니다.

옮김 양윤선

숙명여자대학교에서 교육학을 전공하고 한겨레 어린이·청소년 책 번역가 그룹에서 공부했습니다. 옮긴 책으로 《골드피쉬 보이》, 《10대들의 고민타파 걱정을 덜어주는 책》, 《겨울왕국2 마법의 숲》 등이 있습니다.

엽기 과학자 프래니

두꺼비 바이러스에 걸린 프래니

사파리

열기 과학자 프래니
두꺼비 바이러스에 걸린 프래니

초판 1쇄 발행일 2022년 4월 25일
초판 8쇄 발행일 2025년 4월 30일

글·그림 짐 벤튼 | 옮김 양윤선
펴낸이 유성권 | 편집장 심윤희 | 편집 유옥진, 한지희, 김유림
표지 디자인 황금박g | 본문 디자인 이수빈
마케팅 김선우, 강성, 최성환, 박혜민, 김현지 | 홍보 김애정, 임태호
제작 장재균 | 관리 김성훈, 강동훈
펴낸곳 (주)이퍼블릭 | 출판등록 1970년 7월 28일(제1-170호)
주소 서울시 양천구 목동서로 211 범문빌딩
전화 02-2651-6121 | 팩스 02-2651-6136
홈페이지 safaribook.co.kr | 카페 cafe.naver.com/safaribook
블로그 blog.naver.com/safaribooks | 인스타그램 @safaribook_
페이스북 facebook.com/safaribookskr

ISBN 979-11-6637-770-9
979-11-6057-525-5(세트)

* 책값은 뒤표지에 있습니다.

* 사파리는 (주)이퍼블릭의 유아 · 아동 · 청소년 출판 브랜드입니다.

아주 특별한 생각과 취미를 가진
귀여운 과학 소녀 프래니를 소개합니다.

차례

1. 엽기 과학자 프래니의 집 · · · · · · · · · · · · · · · · · · 9

2. 이고르의 새로운 취미 · 17

3. 돌이킬 수 없는 우정 · 33

4. 진짜 문제는 · 43

5. 기분 분리하기 · 48

6. 아무것도 하고 싶지 않아 · · · · · · · · · · · · · · · · · 59

7. 이런 기분 처음이야 · 68

8. 난 너의 의무감이야 · · · · · · · · · · · · · · · · · · · 71

9. 흩어진 기분을 잡아라! · · · · · · · · · · · · · · · · · 87

10. 꼭꼭 숨어라 · 103

11. 모든 재료가 어우러진 수프처럼 · · · · · · · · · · · 110

12. 치료제 모기 · 131

13. 마지막 실험 · 139

추천의 말 · 148

1

엽기 과학자 프래니의 집

프래니네 식구들은 수선화 길 끝에 자리한 집에서 살았어요. 창문마다 귀여운 자줏빛 덧문들이 달린 예쁜 분홍색 집이죠. 집 안은 구석구석 밝고 산뜻했어요.

프래니는 자줏빛과 분홍색으로 칠한 밝고 산뜻한 집을 보며 생각했어요. 아예 두 가지 페인트를 섞어 칠했다면 훨씬 빨리 끝내고 나서 더 중요한 일을 할 수 있었을 거라고 말이에요.

요즘 프래니는 여러 가지를 한데 섞어 하나로 만드는 발명에 푹 빠져 있었어요. 얼마 전에 할머니가 끓여 주신 수프를 보고 좋은 생각이 떠올랐거든요.

“내 수프에는 하나같이 좋은 재료만 넣는단다. 그 재료들이 한데 어우러지면 더 훌륭한 맛이 나게 되지.”

프래니는 할머니가 수프를 저을 수 있게 안아 올리며 대답했어요.

“할머니 수프에 어떤 과학 원리가 작용하는지 궁금하네요.”

프래니는 넌지시 농담도 덧붙였지요.

"할머니, 그리고 어떻게 뵐 때마다 조금씩 더 작아지시는지도 궁금해요. 이러다간 몇 년 뒤에 분명히 숟가락에서 목욕을 하실 수도 있을 거예요."

"프래니, 네 말이 맞을지도 모르겠구나. 그러나 크기가 작다고 큰 영향을 미치지 못하는 건 아니란다. 너도 모기에 물려 본 적 있잖니?"

할머니가 빙그레 웃으면서 말씀하셨어요.

"무슨 말씀인지 알겠어요."

프래니가 킥킥 웃으며 대답했지요.

"할머니, 수프 만드는 방법을 가르쳐 주셔서 고맙습니다! 얼른 연구실로 돌아가서 저만의 수프를 만들어 보고 싶어요."

음, 이미 알고 있겠지만 프래니의 연구실 조수는 순종이 아니에요. 푸들, 치와와, 비글, 스패니얼, 셰퍼드 품종이 뒤섞인 데다가 개와 비슷한 다른 동물의 피도 조금 섞인 녀석이죠.

그 조수의 이름은 이고르였어요. 이고르는 언제나 프래니의 실험을 도울 준비가 되어 있었답니다….

자기 일이 바쁠 때는 빼고요.

2

이고르의 새로운 취미

어쩌면 이고르는 엄청나게 많은 동물의 품종이 섞여 있어서 그만큼 이것저것 여러 가지에 관심이 생기는 건지도 몰랐죠.

이고르는 케이크 장식하기, 태권도, 바나나 레슬링을 좋아했어요. 바나나 레슬링이 뭐냐고요? 그건 프래니가 실수로 만든 아주 사나운 바나나랑 겨루는 위험한 레슬링이에요. 그 바나나와 놀아 주는 게 이고르의 일이었지요. 그래야 바나나가 사고를 치지 않을 테니까요.

요즘 이고르에게 새로 생긴 취미는 조각 퍼즐 맞추기였어요. 퍼즐을 완성하려면 꽤 오래 걸렸지요. 이고르는 앞 발가락이 짧고 작은 데다 통통했기 때문이에요.

프래니는 이미 결과를 아는 문제엔 전혀 관심이 없어서 언제나 이고르 혼자 힘으로 퍼즐을 완성해야 했죠.

프래니는 이고르의 새로운 취미가 마음에 들었어요. 퍼즐을 맞추는 동안 혼자 실험에 집중할 수 있었으니까요. 가끔은 이고르의 도움 없이 실험하고 싶은 기분을 느낄 때도 있거든요.

프래니는 특히 최근에 발명한 '**팍팍 섞어 장치**' 때문에 더 신이 났어요. 할머니의 수프에서 아이디어를 얻어 만들었거든요.

"고장 난 믹서기랑 버려두었던 오래된 원자로 부품들로 만들어 봤는데…. 이 장치만 있으면 좋은 것들을 합쳐 훨씬 더 좋은 새로운 걸 만들 수 있을 거야."

프래니는 키가 큰 방과 후 선생님께 첫 실험을 도와 달라고 부탁했어요. 선생님이 흔쾌히 승낙했답니다. 그래서 방과 후 선생님 손에 길쭉한 샌드위치 빵을 들려 **팍팍 섞어 장치**로 들여보냈어요. 이윽고 장치가 윙윙 돌아가더니 전자레인지처럼 땡 소리와 함께 멈췄지요.

프래니가 **팍팍 섞어 장치** 문을 열자 방과 후 선생님이 빵과 합쳐져 대형 샌드위치가 되어 있었답니다.

대형 샌드위치는 접시 위에서 팔딱대며 원상태로 되돌리지 않으면 반성문 100장을 써야 할 거라고 화냈어요.

"네, 되돌려 놓을게요. 하지만 잘못 판단하신 거예요. 아이들이 선생님을 모두 좋아하진 않지만, 맛있는 샌드위치는 모두 좋아하니까요."

프래니가 웃으며 말했지요.

"프래니, 어서 날 원래대로 되돌려 놓으라니까!"
대형 샌드위치가 소리쳤어요.
"네, 그럴 거예요."
프래니가 장치를 이리저리 만지면서 대답했지요.
"다른 선생님들이 네 실험을 도와주지 말라고 경고했는데, 그 말을 들었어야 했어!"
대형 샌드위치가 외치자 프래니는 천연스레 말했어요.
"맞는 말씀이에요. 누구나 선생님 말씀을 잘 들어야죠."

다음 날, 프래니는 아이스크림을 담는 원뿔 모양의 과자랑 푸들을 **팍팍 섞어 장치**에 넣었어요. 그런데 생각지 못한 것으로 나왔지 뭐예요.

"어, 난 푸들 모양의 시원한 아이스크림을 원했는데 매운맛 핫도그가 되었잖아. 장치를 좀 고쳐야겠는걸."

프래니는 그다음 이틀 동안 밤을 새워 오리와 비버를 어떻게 섞을지 궁리했어요.

“이건 나의 가장 위대한 완성품이 될 거야!”

프래니가 오리와 비버를 장치 쪽으로 데려오며 중얼거렸지요. 그러고는 오리와 비버를 안심시켰답니다.

"이 장치는 너희들이 절대 이해할 수 없는 방법으로 분자를 쪼갠 다음 다시 합칠 뿐이야. 그러니까 긴장하지 말고 어떻게 합쳐질지 기다리면 돼."

프래니가 상냥하게 미소 지으며 말했어요.

잠시 뒤 장치가 윙 소리를 내다 땡 하고 멈췄지요.

드디어 문이 열리고 프래니의 따끈따끈한 새 창조물이 걸어 나왔답니다.

"뭐야, 오리너구리잖아. 말도 안 돼. 그렇게 긴 시간을 고민하고 또 고민했는데 고작 오리너구리라니! 오리너구리는 이미 세상에 쌔고 쌨어. 하나도 새롭지 않다고!"

프래니는 기막혀하며 소리쳤지요.

프래니는 잔뜩 화가 나서 **팍팍 섞어 장치**를 쾅쾅 두들기고, 연구실 장비들도 이리저리 던졌어요. 프래니가 던진 스패너에 실험용 병이 깨지고 액체도 쏟아졌죠.

프래니는 탁자도 발로 차서 엎어 버렸어요. 탁자 위에는 이고르가 몇 주 동안이나 매달려 완성 직전이었던 퍼즐이 놓여 있었답니다. 이고르는 마지막 조각을 막 놓으려던 참이었지요.

프래니는 이고르가 무척이나 속상해하는 걸 알았지만 신경 쓰지 않았어요.

"그깟 바보 같은 퍼즐 때문에 불평할 생각이라면 꿈도 꾸지 마. 그건 내가 하는 대단하고 중요한 실험과는 차원이 다르다고. 퍼즐은 완성하면 어떤 그림이 되는지 이미 알잖아! 그림이 바로 여기, 상자에 있으니까!"

프래니가 내키는 대로 소리를 질렀죠.

이고르는 바닥에 흩어진 퍼즐 조각들을 보았어요. 아주 오랜 시간 동안 열심히 맞춰 온 퍼즐을 말이에요.

이고르는 앞발에 쥐고 있던 마지막 퍼즐 조각을 스르르 바닥에 떨어뜨렸어요.

연구실에서 걸어 나가는 이고르의 뺨으로 눈물이 주르륵 흘러내렸답니다.

"이건 완전 시간 낭비이고 그냥 한심한 퍼즐일 뿐이야! 난 네가 헛수고하지 않게 도와준 거라고."

프래니는 씩씩거리며 이고르의 뒤통수를 향해 소리치더니 퍼즐 조각을 힘껏 짓밟았어요.

"너 진짜 못됐구나."

오리너구리가 보다 못해 잔뜩 화난 표정으로 말하자, 프래니도 쏘아붙였지요.

"가짜 오리너구리, 조용히 해. 넌 내가 마음만 먹으면 언제든 다시 분리해 버릴 수 있으니까."

3

돌이킬 수 없는 우정

며칠이 지났어요. 프래니는 그동안 줄곧 자신이 그날 이고르에게 얼마나 못되게 굴었는지에 대해 곱씹어 생각했지요.

이고르는 늘 프래니의 실험을 진심으로 도왔어요. 설사 좋은 생각이 아닐 때도 변함없이 말이에요.

프래니는 며칠 전에 이고르가 도와줬던 실험을 떠올렸어요. 기분 나쁜 사람들을 기분 좋게 바꿔 주는 바이러스를 개발하는 연구였지요.

"이고르, 생각해 봐. 왜 바이러스는 항상 나빠야 하는 거야? 미소도, 웃음도 전염되는 것처럼 뭐든 좋은 것도 바이러스로 만들어서 전염시켜야 해."

이고르는 고개를 끄덕였어요. 무엇 때문에 고개를 끄덕이는지는 몰랐지만요.

프래니는 지난주에 이고르가 도와준 실험도 기억났어요. 우둘투둘하지 않고 매력적인 두꺼비 품종을 만드는 연구 중이었지요. 그런 두꺼비라면 사람들이 반려동물로 키우고 싶어 할 테니까요.

"나야 우둘투둘한 걸 좋아하는 편이지만, 모두가 그런 건 아니니까."

프래니가 말했어요.

"여하튼 두꺼비를 반려동물로 키우면 아주 좋을 거야. 두꺼비가 파리나 모기처럼 어디든 들어와서 우리를 괴롭히는 곤충을 잡아먹어 줄 테니까."

프래니는 이고르가 도와주었던 피자로 옷을 만든 연구를 떠올렸어요. 피자 옷은 더러워졌을 때 빨래할 필요 없이 그냥 먹어 버리면 돼서 편리하거든요.

사실, 이고르는 피자 옷 연구가 완전 멋지다고 생각했어요. 이고르는 가끔씩 피자가 아닌 옷도 즐겨 먹었으니까요. 특히 양말을 좋아했답니다.

"이고르는 늘 훌륭한 조수였어. 내가 화내지 않고 다정하게 대해야 했는데…."

프래니가 자신의 행동을 후회하며 중얼거렸어요.

"뭔가 선물해서 보상해 줘야겠어. 이고르를 웃게 할 만한 걸 만들어야지."

프래니는 바로 일을 시작했고 금세 이고르에게 줄 선물이 완성됐지요.

"이거라면 이고르 마음에 들 거야!"

프래니는 선물을 들고 이고르에게 달려갔어요.

"이고르, 미안해. 내가 사과의 뜻으로 널 위해 이걸 만들었어!"

이고르는 프래니가 든 걸 한동안 빤히 바라보았지요.

"두 조각짜리 퍼즐이야! 이제 바보처럼 시간 낭비하며 그 많은 걸 맞출 필요 없어! 어때, 정말 재밌겠지?"

하지만 이고르는 그 퍼즐이 눈곱만큼도 재미없었어요. 오히려 오랫동안 애써서 완성하려던 찰나에 프래니가 망쳐 버린 퍼즐만 떠오를 뿐이었답니다.

이고르는 뒤돌아 걸어갔어요. 퍼즐을 든 프래니를 남겨 둔 채로요.

"야, 이고르! 난 분명 사과했는데, 사과를 받지 않은 건 너야. 이제부턴 모두 네 잘못이라고."

프래니는 쿵쿵거리며 걸어가 작업대 앞에 앉았어요.

프래니는 작은 철사 조각과 톱니바퀴를 만지작거리며 이고르에게 한 잘못을 머릿속에서 떨쳐 내려고 했어요. 하지만 전혀 기분이 나아지질 않았지요.

"내가 이고르의 기분을 너무 상하게 했나 봐. 이고르가 영원히 날 용서하지 않으면 어쩌지?"

프래니가 슬픈 표정으로 중얼거렸어요.

오리너구리는 프래니에게 정말 잘못한 거라고 말해 주고 싶었지만, 꾹 참았답니다.

4

진짜 문제는

프래니는 연구실 안을 오락가락했어요. 하고 싶은 연구가 한가득이었지만, 줄곧 이고르 생각에서 벗어날 수 없었거든요.

프래니는 가장 먼저 자신에게 화가 났다가, 그다음엔 말도 안 되는 해결책이 몇 가지 떠올랐어요. 그런 다음 또다시 화가 났다가 또 그다음엔 밀린 연구를 걱정하기 시작했지요.

"어떻게 작은 실험 하나가 이런 문제를 일으킨 거지?"

프래니가 양 갈래로 묶은 머리를 당기며 말했어요.

"난 이보다 더 엄청난 문제를 일으킨 적도 있어! 하지만 이런 기분은 처음이야."

프래니는 한탄하듯 소리쳤지요.

"잠깐, 진짜 문제는 내가 한 행동이 아니라 내가 느끼는 기분이야. 이런 기분으로는 연구를 계속할 수 없어."

이윽고 프래니가 옅은 웃음을 지으며 **팍팍 섞어 장치**를 쳐다보았어요.

"저 장치를 조금 손보면 뭐든 분리해 낼 수 있을 거야."

오리너구리는 그 말을 듣고 겁이 나 얼른 탁자 밑으로 숨었지요.

"염려 마. 오리너구리 널 분리하려는 게 아니니까."
프래니가 말하는 순간, 창밖에서 번쩍 번개가 쳤어요.
"난 나를 분리할 거야."

5

기분 분리하기

프래니는 몇 가지 계산을 마친 뒤 **팍팍 섞어 장치** 안으로 걸어 들어가며 말했어요.

"어휴! 아직 샌드위치 냄새가 진동하네. 이 안에 환풍기를 달아야겠다."

프래니는 이내 단추 하나를 누르고 문을 닫았지요.

팍팍 섞어 장치는 한동안 윙윙 돌다 땡 소리와 함께 멈췄어요. 그리고 천천히 문이 열렸죠.

이윽고 프래니가 장치 밖으로 걸어 나왔어요.

"잘됐나?"

프래니가 안쪽을 돌아보며 말했지요.

"어서 나와! 이리 나오라고."

프래니가 큰 소리로 말하자 네 명의 여자아이가 장치 밖으로 나왔어요. 모두들 어딘가 낯익은 모습이었지요.

모두 조금씩 프래니와 닮았지 뭐예요.

"지금 무슨 멍청한 생각으로 이러는 거야?"

화나 보이는 프래니가 으르렁거렸어요.

"간단해. 너희들은 내 기분이고 난 너희를 내게서 분리했어. 방해가 되니까. 이제야 연구에 집중할 수 있겠군."

프래니가 후련한 듯이 말했지요.

화난 프래니는 연신 투덜거리며 연구실 장비를 발로 차더니 쏘아붙였어요.

"나 혼자서도 얼마든지 알 수 있었어."

프래니는 겁에 질린 프래니에게 다가가 말했지요.

"네가 누군지 알아?"

"무서워서 못 물어보겠어."

"그래, 바로 그거야! 무서워하는 걸 보니 넌 나의 두려움이야. 겁먹은 프래니라고!"

겁먹은 프래니는 헉 하고 숨을 들이쉬며 말했어요.

"애고머니나!"

"난 내가 어떤 기분인지 알아. 난 코끼리 프래니야."

프래니를 닮은 다른 한 명이 킬킬거렸지요.

"코끼리는 느낄 수 있는 기분이 아니야."

화난 프래니가 쏘아붙였어요.

"아, 그래? 코끼리가 네 위에 올라앉아도 안 느껴질까?"

다른 프래니가 그렇게 말하고는 끝없이 웃어 젖혔지요.

"알겠다. 넌 나의 황당함이구나. 넌 황당한 프래니야."

프래니가 고개를 끄덕이며 말했어요.

"넌 우리를…, 없애고 싶어?"

또 하나의 프래니가 눈물을 뚝뚝 흘리며 물었지요.

"슬픈 프래니, 네 말이 맞아. 너희들은 내 연구에 방해만 될 뿐이야. 기분 때문에 우왕좌왕하면 모든 게 틀어져 버리거든."

"멍청하긴. 네 기분엔 우리 넷만 있는 게 아냐!"

화난 프래니가 소리쳤어요.

"그건 나도 알아. 다른 기분들도 나중에 없앨 거야. 기분이 정말 분리되는지 자신 없었거든."

프래니가 태연히 대답하고는 오리너구리를 가리켰어요.

"이 오리너구리도 새로운 기술로 합친 녀석이야. 실패했지만."

오리너구리가 얼굴을 찌푸렸지요.

프래니는 **팍팍 섞어 장치**의 문을 닫고 연구 목록을 살펴보았어요.

“잠깐만. 그럼 이제 우린 뭘 해야 해?”

겁먹은 프래니가 훌쩍이며 물었지요.

“너희는 기분이니까 각자 느끼는 대로 해.”

프래니는 아무렇지 않게 말했지만, 프래니의 기분들은 연구실만 두리번거렸어요. 외따로 떨어진 건 처음이라 무엇을 해야 할지 몰랐거든요.

프래니가 팔을 흔들어 주의를 끌며 말했어요.

"이봐, 겁먹은 프래니랑 황당한 프래니. 너희는 기분이잖아. 엄마가 가끔 내게 기분이 그네 타듯 왔다 갔다 한다고 하셨거든. 그러니까 밖에 나가면 너희가 그네처럼 타고 놀 만한 걸 찾을 수 있을 거야."

“그럼 난 화낼 만한 걸 찾으러 가면 되겠군.”

화난 프래니가 빈정댔지요.

“난 슬퍼할 만한 불쌍한 걸 찾을 수 있겠지?”

슬픈 프래니가 한숨을 쉬며 말했어요.

“그래, 각자 가서 흥미 있는 걸 찾아보라고.”

프래니가 짜증을 내며 말했지요.

“그럼 언제까지 돌아와야 하는데?”

겁먹은 프래니가 징징거리며 물었어요.

"다시 돌아오지 않아도 돼. 그러니까 '영영 안 옴' 시까지 맘대로 놀라고. 성가시게 구는 너희가 없으면 골칫거리도 사라질 테니 잔뜩 밀린 연구들을 마무리 지을 수 있을 거야."

결국 프래니의 기분들은 각자 느끼는 대로 하러 뿔뿔이 연구실을 떠났어요.

6

아무것도 하고 싶지 않아

프래니는 길고 긴 연구 목록을 죽 살펴보았어요.

"음, 여기 내가 하고 싶었던 게 있군. 절대 녹지 않는 아이스크림 연구."

프래니는 잠시 생각하다 중얼거렸지요.

"어, 이 생각을 떠올렸을 땐 내가 좀 이상했던 게 틀림없어. 절대 녹지 않는 아이스크림이라고? 그냥 고생하지 않고 밀크셰이크 먹으면 되는 거 아냐?"

황당함이 사라진 프래니는 그 연구가 따분했어요. 그래서 줄을 쭉 그어 목록에서 지워 버렸지요.

“좋아, 다음 연구를 해 보자.”

프래니가 목록을 읽어 내려가며 말했어요.

“잃어버린 반려동물을 찾아 주는 로봇이네. 사람들은 반려동물을 잃어버리면 무척 슬퍼하니까.”

"음, 잘 모르겠어. 다시 생각해 보니까 그다지 슬픈 일 같지 않아."

프래니가 창밖을 보다 중얼거렸지요.

"봐. 저기 내가 만든 색다른 두꺼비가 도망치는데도 난 정말 아무렇지 않잖아."

"생각해 보면 동물들 대부분은 반려동물이 아니니까 집 밖에서 살잖아. 그런데 동물 몇 마리쯤 더 집을 나가는 게 뭐 그리 대수겠어?"

프래니는 슬픈 기분을 분리한 탓에 이 연구도 별로 중요해 보이지 않았어요. 그래서 미련 없이 줄을 쭉 그어 지워 버렸지요.

프래니는 목록에 적힌 다음 연구를 보았어요.

"아, 괴물 연구! 드디어 좀 할 만한 게 나왔군. 괴물 만들기는 언제나 즐거우니까."

프래니가 미소를 지으며 말했지요.

목록 아래를 보니 지붕 위에 앉아 침을 질질 흘리는 커다란 생명체가 그려져 있었어요.

"오, 이거야. 침을 흘리고 있는 이거야말로 진짜 연구해 볼 만하겠는걸."

프래니가 말했지요.

프래니는 자신이 적어 놓은 글을 더 읽어 보았어요. 만약 집에 불이 나면, 괴물이 침을 줄줄 흘려서 불을 끈다고 적혀 있었지요.

"침을 줄줄 흘리는 건 마음에 들어. 하지만 집에 불이 나는 게 나랑 무슨 상관이람?"

프래니는 그림에 적혀 있는 **'불은 무서워!'**라는 글자를 소리 내어 읽었어요.

“집에 불이 나는 게 무섭다고? 흥, 난 하나도 겁 안 나.”

두려움이 사라진 프래니는 콧방귀를 뀌었어요. 그래서 침 흘리는 괴물에 대해 계속 연구할 까닭을 찾지 못했죠.

그 연구가 마지막 목록이었지요. 더는 적어 둔 연구가 없었어요.

"어, 이제 할 연구가 없잖아? 예전 같으면 엄청 화났을 텐데…. 하지만 화나는 기분을 없앴더니 할 연구가 없어도 화가 나질 않아."

프래니는 의자에서 내려와 하품하며 소파로 갔어요. 이고르가 소파에 앉아 텔레비전을 보고 있었지요.

“사실, 난 아무것도 하고 싶지 않아.”

프래니는 이고르 옆에 힘없이 풀썩 앉아 멍하니 텔레비전을 보았어요.

아주 오랫동안 말이에요.

7

이런 기분 처음이야

이고르는 이미 화가 풀린 뒤였어요. 그래서 프래니와 함께 텔레비전을 보니 정말로 좋았답니다.

하지만 다음 날, 이고르는 프래니가 웃긴 장면을 보고도 웃지 않는다는 걸 눈치챘어요. 슬픈 장면을 보아도 슬퍼하지 않았지요.

프래니는 무서운 영화를 볼 때도 결코 소리를 지르거나 놀라서 펄쩍 뛰지 않았어요.

이고르는 프래니가 화를 내는지 보려고 아주 싫어할 만한 형편없는 영화를 틀기도 했지요.

하지만 프래니는 이렇다 할 반응을 전혀 보이지 않았어요. 기분이 없어진 자리를 지루함이 메우고 있었지요.

이고르는 지금껏 프래니의 여러 모습을 보아 왔지만, 지루해하는 건 처음 보았답니다.

결국 둘은 뉴스 말고는 아무것도 보지 않았어요.

8

난 너의 의무감이야

"속보입니다. 알 수 없는 이상한 질병으로 인해 사람들이 두꺼비로 변하고 있다는 소식입니다."

뉴스 진행자가 다급하게 말했어요.

이고르는 깜짝 놀라서 자세를 고쳐 앉고 텔레비전을 뚫어져라 쳐다보았지요. 하지만 프래니는 어깨를 한번 으쓱하더니 무덤덤하게 말했어요.

"음, 아마 저건 내 잘못 때문일 거야."

“과학자들은 그림 속 바로 이 두꺼비로부터 질병이 시작됐을 거라고 말합니다. 이 두꺼비는 매우 전염성이 높은 바이러스에 감염된 것으로 보입니다.”

이고르는 그 두꺼비가 프래니의 발명품이라는 것을 금세 알아챘어요. 얼른 달려가 보니 두꺼비를 넣어 두었던 병이 깨어져 있었어요. 옆에는 바이러스가 쏟아진 채 시험관이 뒹굴고 있었지요.

"그래, 이고르 네가 짐작한 대로야. 나는 진즉 알고 있었어. 내가 만든 바이러스에 감염된 두꺼비가 달아나 돌연변이를 일으켰다는 걸 말이야. 어쩌다 보니 내가 세상에 끔찍한 걸 풀어놓은 것 같아. 꽤 심각한 상황이 전 세계에서 벌어지겠는걸."

프래니가 지루한 듯이 하품을 하며 말했어요.

"색다른 바이러스를 아무렇게나 두면 안 된다고 생각하긴 했어."

이고르가 두꺼비를 넣어 두었던 깨진 병을 가리켰지요.

"알다시피 내가 만드는 것들이 아주 쪼끔 위험할 수도 있긴 해. 뭐, 발명이 원래 그런 거 아닌가."

텔레비전 뉴스에서 전 세계 사람들이 두꺼비로 변하는 무서운 장면을 계속 방송하고 있었어요.

프래니가 힘없이 화면을 가리키며 말했지요.

"이고르, 저 사람들 보이지? 딱 내 두꺼비하고 똑같이 생겼어. 맞아, 저건 틀림없이 나 때문이야."

하지만 프래니는 겁에 질리지 않았어요.

프래니는 두꺼비로 변하는 가족을 보며 슬피 우는 사람들을 보고도 슬퍼하지 않았지요.

기자가 '두꺼비 바이러스 때문에 온 세상이 두꺼비 집이 되어 간다.'고 말했을 때도 프래니는 웃지 않았어요.

프래니는 더 이상 황당하지 않았으니까요.

"이고르, 리모컨 이리 줘."

프래니가 그냥 덤덤하게 말했어요.

"네 앞발은 왜 그래? 비누 바꿔야겠는데."

프래니는 이고르가 축축하고 우둘투둘한 초록색 앞발에 들고 있던 리모컨을 가져가며 말했지요.

하지만 비누 때문이 아니었어요. 이고르도 두꺼비로 변하는 바이러스에 감염되었던 거예요. 점점 온몸이 두꺼비처럼 우툴두툴해졌지요.

"이고르, 오해하지 말고 들어. 너 정말 징그러워."

프래니가 구역질을 참으며 말했어요.

프래니는 소파에서 일어나 냉장고까지 폴짝폴짝 뛰어 갔답니다.

"이상한걸. 내가 언제부터 폴짝 뛰어다녔지?"

그때 파리 한 마리가 날아가자, 프래니는 혀를 내밀어 잡아먹어야겠다는 생각이 들었어요.

"왠지 나도 두꺼비 바이러스에 감염된 거 같은데."

프래니는 우둘투둘한 손을 보며 어깨를 으쓱했지요.

이고르는 겁에 질린 커다란 눈으로 프래니를 빤히 보았어요. 그 눈도 점점 두꺼비를 닮아 가고 있었지요.

"뭐, 어쩔 수 없지. 온 세상에 바이러스가 퍼졌으니까."

프래니가 아무렇지 않게 말했어요.

"아니, 그렇지 않아! 다 그런 건 **아니라고.**"

어디서 다급히 외치는 소리가 작게 들려왔어요. 프래니는 주위를 두리번거렸지요.

"뭐야, 어디서 들리는 목소리지?"

"난 이 안에 있어."

작은 목소리가 말했어요.

"어, **팍팍 섞어 장치** 안에 누가 있잖아."

프래니가 장치 문을 열며 말했지요.

장치 안에서 조그맣지만 단호해 보이는 프래니가 또박또박 걸어 나왔어요. 프래니가 갸우뚱하며 물었지요.

“너 그 안에 어떻게 들어갔어?”

“화난 프래니가 말했잖아. 네게는 넷 이상의 기분이 있다고. 나오려는데 내 앞에서 문이 닫혔어.”

“왜 더 빨리 열어 달라고 말하지 않았어?”

“난 목소리를 높일 일이 생기기 전까지는 꽤나 조용한 편이거든.”

“넌 누군데?”

"난 너의 의무감이야."

의무감 프래니가 대답했어요.

"방금 웅가라고 한 거야? 나한테 아직 황당함이 남아 있었다면, 엄청 웃었겠네."

프래니가 시큰둥한 얼굴로 말했지요.

"응가가 아니라 너의 의무감이라고. 의! 무! 감! 난 네가 뭔가를 해야만 한다고 느낄 때 생기는 기분이야. 네가 그걸 하고 싶지 않더라도 말이야."

"난 지금 아무것도 안 느껴지는데."

프래니가 무덤덤하게 말했어요.

"음, 난 느껴. 그런데 우리에게 시간이 많지 않을까 봐 걱정이야."

의무감 프래니가 힘주어 말했지요.

"이봐, 너무 밀어붙이는 거 아냐?"

프래니가 말했어요.

"그래, 맞아. 워낙 내가 하는 일이 그런 거니까. 가자."

의무감 프래니가 프래니를 힘껏 잡아끌며 말했답니다.

"어딜 가는데?"

프래니가 물었어요.

"흩어진 네 기분들을 모두 찾아서 모아야지. 보물찾기가 아니라 기분 찾기랄까."

의무감 프래니가 씩 웃으며 말했지요. 하지만 프래니는 그 모습을 아무 표정 없이 바라볼 뿐이었어요.

"너한테 황당함이 있었다면 재밌어했을 텐데. 아쉽군."

의무감 프래니가 뚱하게 말했지요.

9

흩어진 기분을 잡아라!

프래니가 무시무시한 덫과 사슬 들을 무심히 탁자 위에 올려놓았어요.

"이건 어디에 쓰려고?"

의무감 프래니가 묻자 프래니는 이상한 장치를 하나 더 꺼내며 대답했지요.

"흩어진 기분들을 잡으려고. 이 마비 광선을 걔네한테 쏘면 쉽게 이 자루에 잡아넣을 수 있을 거야."

"뭐라고? 안 돼, 안 된다고! 기분이 없어지더니 피도 눈물도 없어졌나 보네. 대화로 해결해야지!"

의무감 프래니가 고개를 저으며 말했어요.

"대화라고? 입에 씌우는 장치도 나한테 있어. 그걸 끼고 대화하면 듣는 사람이 고통을 느낄 거야. 어때?"

"그 장치가 필요할 때도 있겠지만 지금은 그냥 평범하게 대화를 나눌 거야."

의무감 프래니가 난처한 표정을 지으며 말했지요.

둘은 밖으로 나가다 부엌에서 폴짝폴짝 뛰어가는 두꺼비 한 마리와 마주쳤어요.

"저 두꺼비는 아무래도 우리 엄마 같아. 그래서 내가 일주일 내내 텔레비전을 봐도 말리지 않은 거였어."

프래니가 중얼거렸지요.

"뭐? **우리 엄마**라고? 이렇게 끔찍한 일이…!"

의무감 프래니가 소리쳤어요.

"네가 끔찍하다니 그런 거겠지. 왜냐하면 난 정말로 아무것도 느껴지지 않거든."

프래니가 힘없이 중얼거렸지요.

"서둘러야 해!"

의무감 프래니가 프래니를 잡아끌며 재촉했어요.

둘은 이내 집 뒤에서 닥치는 대로 병을 집어 던져 깨고 있는 화난 프래니를 발견했지요.

화난 프래니는 병 하나를 던져 박살 내고는, 너무 쉽게 깨진다며 고래고래 소리를 질러 대고 있었어요.

"넌 깨져야 마땅해! 진작 깨 버릴 걸 그랬어."

의무감 프래니가 화난 프래니에게 다가가 말했답니다.

"우리랑 함께 가 줘야겠어."

"됐어. 난 여기에서 마음대로 기분을 표현하며 혼자 있을래. 비록 나한테는 딱 한 가지 기분밖에 없지만, 그걸 맘껏 드러내고 싶거든."

"저런, 엄청 화날 일이 있어서 왔는데. 그럼 이만…."

의무감 프래니는 뒤돌아서며 프래니와 함께 떠나려고 했어요.

"잠깐만! 난 화나는 일이면 괜찮아."
화난 프래니가 으르렁거리며 불러 세웠지요.
"그래, 알았어. 그런데 이건 널 진짜진짜 화나게 할 만한 일이야."
"난 모든 것에 화가 나! 너희는 어떤 일들이 날 화나게 하는지 상상도 못할걸. 한번은 껌을 찾을 수 없어서 폭발했다고. 겨우 껌 때문에!"
"좋아, 그럼 우릴 따라와."
의무감 프래니가 말했어요.

"다음 기분은 더 찾기 어려울 거야. 다른 애들은 병을 박살 내는 저 애처럼 시끄럽지 않을 테니까."

의무감 프래니가 프래니에게 속삭였지요.

"그런데 정말 다른 기분들을 찾아야 하는 거야? 생각해 봐. 아무것도 안 하는 게 훨씬 쉽고 빠를 거야."

"그래도 우리가 할 일은 꼭 해야 하는 거야."

의무감 프래니가 투덜대는 프래니에게 단호한 말투로 말했어요.

둘은 얼마 지나지 않아 마당 덤불숲 뒤편에서 비눗방울을 불어 날리는 슬픈 프래니를 찾았지요. 비눗방울이 터질 때마다 슬픈 프래니의 울음도 터졌답니다.

"흑흑, 제대로 보지도 못했는데 벌써 터져 버렸어."

슬픈 프래니가 흐느꼈어요.

"너 혹시 여기서 강아지 장난감 못 봤어?"

의무감 프래니가 슬픈 프래니에게 물었지요.

"강아지 장난감? 못 봤는데, 왜?"

"아주 조그맣고 포동포동한 강아지들이 제일 좋아하는 장난감을 잃어버렸거든."

프래니가 의무감 프래니의 속셈을 눈치채고 말했어요.

“흑흑, 강아지들이 얼마나 슬플까!”

기대에 찬 슬픈 프래니에게 의무감 프래니가 덧붙였죠.

“그렇게 슬퍼하는 건 처음 봤어. 게다가 그 강아지들은 아주 토실토실해. 그럼 또 봐.”

둘이 걸음을 옮기자 슬픈 프래니가 잽싸게 다가와 물었어요.

“나도 강아지들을 볼 수 있을까?”

“글쎄, 강아지들이 슬픔에 푹 빠져 있을 텐데….”

프래니가 잔뜩 힘없는 목소리로 대답했지요.

"아, 포동포동하고 눈이 큰 강아지들이 너무 불쌍해."

의무감 프래니가 덧붙였어요.

"있잖아, 사실 난 슬플수록 기분이 좋거든."

슬픈 프래니가 조심스레 말했지요.

"꼭 그러겠다면 하는 수 없지. 하지만 눈이 퉁퉁 붓도록 울게 될지도 몰라."

"아, 너무 기대돼!"

슬픈 프래니는 두 손을 모은 채 깡충깡충 쫓아갔어요.

"그나마 이 둘은 쉬웠지만 황당한 프래니는 어떻게 해야 따라올지 모르겠어. 시간이 좀 걸릴 듯한데."

의무감 프래니가 프래니에게 속삭였어요.

"갠 내가 맡을게."

프래니가 무심히 말했지요.

둘은 집 근처 나무 밑에서 황당한 프래니를 찾았어요.

"뭐 하니?"

의무감 프래니가 황당한 프래니에게 물었지요.

"구덩이를 파고 있어."

"어디에 쓰려고?"

프래니 물음에 황당한 프래니가 말했답니다.

"무엇이든 넣어 두면 좋을 거 같아서."

"어떤 걸 넣어 두려고?"

프래니와 의무감 프래니가 동시에 물었어요.

"음, 먼저 내가 여기서 파낸 흙을 전부 넣어 둘 곳이 필요해. 내 생각에는 이 구덩이가 딱일 거 같아."

프래니가 황당한 프래니에게 도넛을 건네며 말했지요.

"그걸 머리 위에 얹은 뒤, 혀를 내밀고 우릴 따라와. 그런데 꼭 뒤로 걸어야 해."

"와, 그럴싸한데! 완전 내가 좋아하는 거야."

황당한 프래니는 좋아하며 함께 출발했어요.

“어떻게 방법을 알았어?”

의무감 프래니가 프래니에게 물었죠.

“재한테 말이 되는 건 딱 하나니까. 말도 안 되는 것.”

프래니가 속삭였어요.

“네가 함께 해결할 마음이 든 것 같아서 다행이야.”

의무감 프래니가 말했답니다.

“난 정말 아무런 느낌도 없어. 그저 이 모든 걸 빨리 끝낸 뒤 눕고 싶을 뿐이야. 그리고 두꺼비가 되는 거지.”

의무감 프래니가 얼굴을 찌푸리며 대답했지요.

"이제 하나 남았어."

의무감 프래니는 그사이 프래니가 조금 더 두꺼비처럼 변했다는 걸 눈치챘어요.

"시간이 별로 없어."

"겁먹은 프래니를 따라오게 하는 건 쉬울 거야."

프래니가 말하자 의무감 프래니가 대꾸했지요.

"그렇게 장담하지 마. 두려움은 때로 가장 이겨 내기 힘든 기분이니까."

10

꼭꼭 숨어라

프래니와 프래니 들이 겁먹은 프래니를 찾아 여기저기 헤맸지만 찾을 수 없었어요.

"겁먹은 프래니는 꽁꽁 숨었나 봐. 시간이 자꾸 흐르는데 큰일이네. 이고르가 겁먹은 프래니를 냄새로 찾을 순 없을까? 개는 두려움의 냄새를 맡을 수 있다던데."

"이고르는 이제 두꺼비나 다름없어. 그리고 진짜 순종 개도 아니잖아. 푸들, 치와와, 비글이 조금씩 섞인…."

"그래, 개 비슷한 거잖아! 우리가 그걸 모르겠어?"

화난 프래니가 프래니의 말에 끼어들었지요.

"그럼 이제 어떻게 하지?"

의무감 프래니가 물었어요.

"곰곰이 생각해 봤는데, 가장 좋은 방법은 그냥 포기하는 거야. 두꺼비가 되는 것도 괜찮을 수 있잖아."

의무감 프래니는 그 말에 깜짝 놀라서 숨을 헉 들이쉬었답니다.

"지금은 중요한 기분들이 네 안에 없어서 그런 말을 하는 거야. 그렇지 않았으면 지금 넌 엄청 화나고 슬프고 겁났을 거라고."

"네 말이 맞아. 그리고 내가 그런 바보 같은 기분들을 떼어 냈다니 참 다행이야."

"아냐! 기분은 누구에게나 필요해. 가끔 문제가 되는 건 맞지만 기분을 느낄 수 없다면 사람들은 눈만 끔뻑이며 멍하니 앉아 있는 두꺼비나 다름없다고. 그러다 유령이라도 나타나면 엄청 힘들어질걸."

"갑자기 웬 유령이야?"

프래니가 물었어요.

"왜, 이런 일이 생길 때마다 나타나는 유령 있잖아."

의무감 프래니 말에 프래니가 갸우뚱하며 물었지요.

"대체 무슨 소리를 하는 거야?"

의무감 프래니는 목소리를 좀 더 높여 대답했어요.

"지금쯤이면 그 **유령**이 나타날 때가 됐는데…."

"난 이제 유령 따위는 무서워하지 않아. 그건 어렸을 때 얘기라고."

프래니가 비웃었지요.

"그건 지금 너한테 두려움이 없기 때문이야. 하지만 난 누가 그걸 갖고 있는지 알고 있지."

그 순간 겁먹은 프래니가 비명을 지르며 옷장 속에서 뛰쳐나왔어요.

"안 돼! 살려 줘! 난 유령 싫어! 살려 줘어어어어어!!!"

"그럼 우리랑 같이 가자. 우리가 안전한 곳을 알아."

겁먹은 프래니가 둘 곁으로 바짝 붙으며 말했지요.

"그래, 따라갈게."

11

모든 재료가 어우러진 수프처럼

의무감 프래니는 연구실로 돌아오자마자 자신의 기분껏 최선을 다했어요.

“자, 그럼 화난 프래니 너부터 장치 안으로 들어가.”

“내가 엄청 화낼 만한 걸 보여 준다면서?”

화난 프래니가 으르렁댔지요.

"맞아, 내가 그랬어. 그런데 일부러 거짓말한 거야. 어때, 무지 화나지?"

"그래, 완전 열받아! 화나게 해 줘서 진짜 고맙군."

화난 프래니는 빈정대며 소리치더니 **팍팍** 쉬어 장치 안으로 씩씩거리면서 들어갔어요.

"다음은 너야. 하지만 넌 저 안에 들어갈 필요 없어."

의무감 프래니가 황당한 프래니에게 말했지요.

"어, 왜 들어가지 말라는 거야?"

황당한 프래니가 킬킬거리며 물었어요.

"왜냐면 넌 이미 저 안에 있으니까."

"아닌데?"

"못 믿겠으면 확인해 보든지."

황당한 프래니는 갸우뚱하며 안으로 들어갔지요.

"내 말이 맞지?"

의무감 프래니가 장치 안을 향해 소리쳤어요.

"물론이야! 네 말이 맞았어."

황당한 프래니가 명랑하게 대답했지요.

"그렇게 빨리 황당한 생각을 떠올리다니 대단한걸."

프래니가 의무감 프래니에게 말했어요.

"다 의무감 덕분에 그때그때 방법이 떠오르는 거야. 할 수 없다고 생각했던 것도 하게 되거든."

프래니가 그때 갑자기 콜록거렸지요.

"아이코! 너 괜찮아?"

의무감 프래니가 걱정스레 물었어요.

"가벼운 기침이니 걱정 마. 목이 좀 간지러워서 그래."

"목만 그런 게 아닌데…. 그리고 이고르를 좀 봐."

의무감 프래니가 말했지요.

프래니는 점점 더 빠르게 변해 갔고, 이고르는 이제 거의 두꺼비나 다름없었지요.

"시간이 얼마 없어."

의무감 프래니가 슬픈 프래니를 데려가며 말했어요.

"강아지가 있을 거라고 했는데 없어서 슬프지?"

슬픈 프래니의 뺨으로 눈물 한 방울이 흘러내렸지요.

"실망했어?"

"흑흑, 아주 많이."

슬픈 프래니가 흐느꼈어요.

"실망이랑 슬픔은 꽤 비슷해. 그렇지 않아?"

"맞아, 거의 비슷한 거 같아. 위로해 줘서 고마워."

슬픈 프래니가 장치로 들어가며 한숨을 쉬었지요.

"이제 난 네가 별로 안 좋아할 수도 있는 방법을 쓸 생각이야. 겁먹은 프래니에게 말이지."

의무감 프래니가 프래니에게 말했어요.

"뭘 하려고 그래?"

의무감 프래니가 겁먹은 프래니에게 곧장 걸어가더니 바짝 다가서며 말했답니다.

"겁먹은 프래니, 너에게 보여 줄 게 있어."

"혹시 거미 같은 거야? 난 그런 건 안 무서워."

“흐흐, 거미보다 훨씬 무서운 거야.”

“그럼 괴물인가? 미안하지만 난 괴물 좋아해.”

겁먹은 프래니가 말했어요.

“우리는 함께 자랐잖아. 난 네가 뭘 좋아하는지 잘 알고 있다고.”

의무감 프래니가 목소리를 낮춰 오싹하게 속삭였지요.

“그리고 네가 뭘 무서워하는지도 잘 알아.”

"그래? 좋아, 그럼 어디 한번 보자."

"물론 보여 줄 거야. 먼저 이걸 받아."

의무감 프래니가 빗자루를 건네며 말했답니다.

"뭐야, 빗자루잖아? 내가 왜 빗자루를 무서워한다는 거야?"

"왜냐하면 네가 방을 청소했다고 엄마한테 말씀드렸거든. 지금쯤 엄마가 계단을 올라오고 계실걸."

"뭐? 청소할 시간이 없잖아! 왜 엄마한테 그런 말을 했어? 거짓말인 걸 알면 엄청 화를 내실 텐데!"

겁먹은 프래니는 냉큼 **팍팍 섞어 장치** 안으로 뛰어들더니 어둠 속에서 납작 웅크리고 있었어요. 다른 건 몰라도 거짓말을 하면 엄마한테 아주 혼쭐나거든요.

“자, 이제 누구 차례인 줄 알지?”
의무감 프래니가 물었어요.
“우리 말하는 거지? 내가 생각해 봤는데 말이야….”
프래니가 전보다 더 두꺼비 같은 목소리로 말했지요.
의무감 프래니가 팔짱을 끼고 물었어요.
“무슨 생각?”

"난 아직도 나한테 여러 기분이 필요한지 잘 모르겠어. 너랑 나, 두뇌와 의무감만 있으면 뭐든 할 수 있잖아. 필요 없는 다른 기분들은 버리자."

프래니가 대답했답니다.

그때 구석에서 낯익은 목소리가 들려왔어요.

"그건 절대 안 될 말이란다."

바로 프래니의 할머니였지요.

"어, 할머니! 언제부터 거기 계셨어요?"

“네가 지금 어떤 상황에 놓였는지 이해할 수 있을 만큼 있었단다. 들어 보니 내가 수프 만드는 방법을 네게 잘못 가르친 모양이더구나.”

“이게 수프랑 무슨 상관이에요?”

“각각의 재료가 어우러져야 수프가 맛있는 것처럼, 네 기분도 모두 함께 어우러져야 멋진 프래니가 된단다.”

"하지만 한두 가지 재료가 빠져도 맛있을 수 있잖아요. 꼭 작은 거 하나하나까지 모두 필요한 걸까요?"

프래니가 물었어요.

"그렇긴 할 테지. 하지만 재료가 있는데 왜 다 넣어서 최고의 수프를 만들려고 하지 않는 거니?"

“프래니, 생각을 달리 해 봐. 이고르가 맞추던 조각 퍼즐을 떠올려 보라고.”

의무감 프래니의 말에 프래니가 무시하듯 답했어요.

“그 퍼즐은 정말이지 시간 낭비야.”

“사람도 조각 퍼즐처럼 작은 조각들이 모여 전체를 이루는 거야.”

"하고 싶은 말이 뭔데?"

"내 말은 그림 전체를 보려면 작은 조각들을 모두 맞춰서 합쳐야 한다는 거야."

프래니는 의무감 프래니의 말을 곰곰 되짚어 보았지요.

"음, 말이 되는지 모르겠…."

"당장 벌떡 일어나서 저 안으로 들어가지 못해! 두꺼비처럼 폴짝 뛰어들거라! 너무 늦기 전에 어서!"

할머니가 참다 못해 고함쳤어요.

프래니가 그 모습을 보고 싱긋 웃으며 말했지요.

"할머니랑 제 의무감이 이렇게 비슷한 줄 몰랐어요. 네, 할머니 말씀대로 할게요."

프래니는 단추 몇 개를 누른 뒤 의무감 프래니와 함께 장치 속으로 걸어 들어가 문을 닫았어요.

“여긴 너무 어두워.”

“오래 안 걸릴 거야.”

프래니가 훌쩍이는 겁먹은 프래니에게 말했지요.

장치가 윙 하고 돌아가더니 전자레인지처럼 땡 소리와 함께 멈추었어요. 프래니는 다시 하나가 되어 밖으로 걸어 나왔지요. 하지만 여전히 두꺼비처럼 보였답니다.

프래니는 연구실 작업대 앞으로 폴짝폴짝 뛰어갔어요. 두꺼비 바이러스 전염을 막기에 너무 늦은 건 아닐까 싶어 겁이 났지요. 그리고 여태껏 자신이 했던 행동이 아주 황당하게 느껴졌답니다.

프래니는 너무 많은 이들이 고통받아서 슬펐어요. 이런 일이 생기도록 내버려 둔 자신에게 너무 화가 났지요.

"아, 이제 내 기분이 전부 돌아온 것 같군."

프래니가 중얼거렸어요.

“이제 이 모든 상황을 바꾸는 건 온전히 내 몫이야!”

프래니는 여러 기분들 속에서 유난히 의무감을 두드러지게 느끼며 미소를 지었어요.

“그래, 내가 제일 좋아하는 기분은 의무감인 거 같아.”

12

치료제 모기

프래니는 이제 손가락도 두꺼비처럼 아주 뭉툭했어요. 이 손가락으로는 치료제 연구가 어려웠지만 포기하지 않았답니다. 그리고 마침내 두꺼비로 완전히 변하기 직전에 치료제를 완성했지요.

"두꺼비는 손가락도 두껍네."

프래니는 황당함이 돌아온 걸 느끼며 킬킬거렸어요.

프래니는 맨 먼저 자기부터 치료했어요. 치료제는 완벽했답니다. 다음으로는 이고르를 치료해 주었지요.

“할머니는 건강하셔서 치료제를 놓아 드리지 않아도 될 거 같아요.”

“아마도 집에서 만든 완벽한 수프를 먹는 덕일 게다.”

할머니가 활짝 웃으며 말했어요.

"그나저나 어느 세월에 온 세상 사람들을 다 치료하지? 아마 80억 번은 주사해야 할 텐데!"

80억 번이라니, 정말 무시무시했지요.

프래니는 엄청난 숫자를 생각하니 숨이 막힐 거 같았어요.

"으악! 난 이런 느낌 싫어!"

프래니는 화가 나 소리쳤지요.

할머니가 프래니의 등을 부드럽게 토닥여 주었어요.

"기분은 때때로 우리를 발전시켜 준단다. 기발한 생각과 자극을 주거든."

"할머니, 하지만 이건 **엄청난** 문제예요. 전 이런 걸 감당하기엔 아직 조그만 아이인걸요."

"요전 날 우리 집에서 나눈 이야기 기억나니?"

"그럼요. 그러니까 음, 수프 이야기였던 것 같은데요."

“맞아. 그리고 작은 것도 큰 영향을 미칠 수 있다는 얘기를 했었지. 네가 작고 어리다고 해서 이 문제를 풀 수 없는 건 아니란다.”

“방금 할머니 덕분에 좋은 생각이 떠올랐어요. 좀 황당할 수도 있지만 잘될 거 같아요.”

프래니는 창문을 열고 이고르를 불렀죠.

“이고르, 곤충들은 널 좋아하잖아. 잠깐만 여기 창문 앞에 앉아 봐.”

금세 모기 한 마리가 날아들었어요. 프래니는 모기를 잡아 병에 가두었지요. 그런 뒤, 모기를 꺼내 치료제가 가득 든 주사기와 함께 **팍팍 섞어 장치**에 넣었어요.

잠시 뒤 장치가 멈추자 프래니는 자랑스럽게 할머니와 이고르에게 결과물을 보여 주었답니다.

"이건 평범한 모기가 아니에요. 이 모기에 물리면 치료제가 주사되거든요. 이 치료제 모기를 잔뜩 만들어서 전 세계로 날려 보낼 거예요."

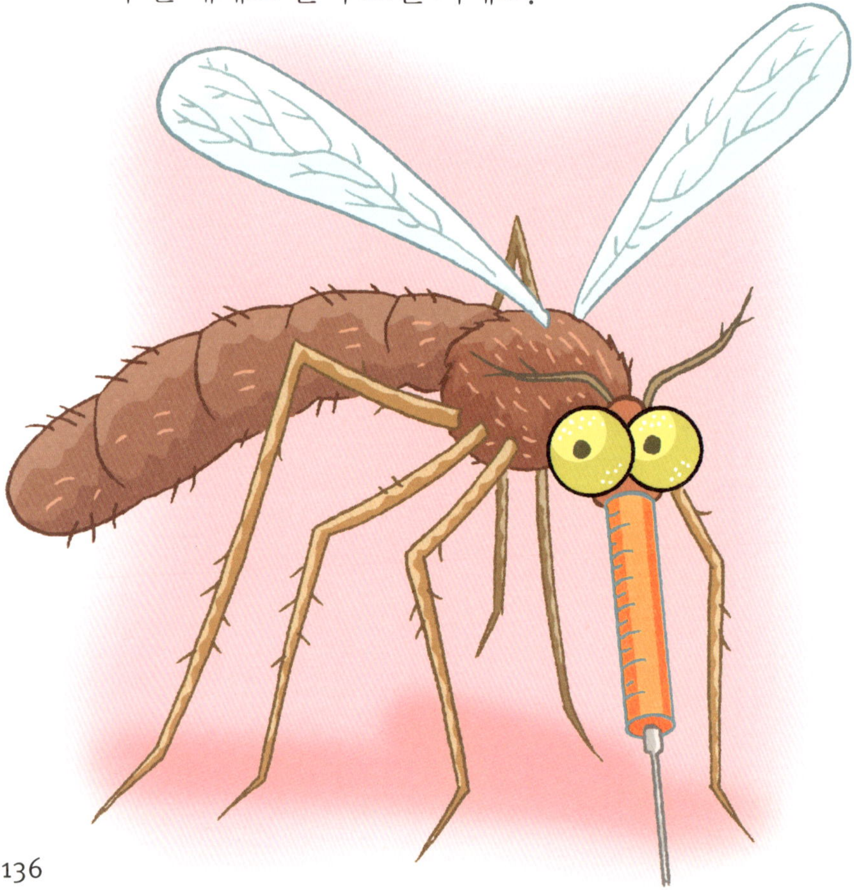

"두꺼비로 변한 사람들이 모기를 먹이인 줄 알고 잡아 먹으면 어떻게 하니?"

"그렇게 해도 치료가 될 거예요. 어느 쪽이든 모두 효과가 있도록 개발했으니까요."

"게다가 모기는 어디든지 들어갈 수 있잖아요. 그러니 알지 못하는 사이에 모두 치료될 거예요."

"하지만 대체 모기를 어떻게 수십억 마리나 만든담?"

할머니가 걱정스레 말했어요.

"아무 걱정 마세요! 특수 복사기에 넣고 80억 번 복사하면 되니까요!"

13

마지막 실험

몇 주일이 지나자, 치료제 모기들은 가지 않은 곳이 없었어요. 덕분에 다행히 모두 병이 나아 원래 모습을 되찾았답니다.

"당분간 섞는 건 하지 않을 거야. 하지만 장치를 분해하기 전에 마지막으로 섞어 보고 싶은 게 하나 있지."

팍팍 섞어 장치가 윙 돌더니 잠시 뒤 전자레인지처럼 땡 소리가 났어요.

쉭쉭거리는 소리와 함께 문이 열렸지요. 그리고 아주 이상한 뭔가가 걸어 나왔어요.

세상에, 프래니와 이고르가 섞여 있었답니다.

둘은 몸이 반반씩 섞여 있었지만 정신은 섞이지 않고 그대로였지요. 프래니와 이고르는 모든 걸 서로의 귀로 듣고, 서로의 눈으로 보았어요.

“와, 이 털 진짜 간지러워. 이고르 넌 어떻게 계속 안 긁고 참는 거야? 정말 대단한걸!”

프래니와 이고르는 겨우 몇 분간 한 몸으로 돌아다녔지만 얼른 원래대로 돌아가고 싶었어요. 그래서 단추 몇 개를 누르고 다시 장치 안으로 들어갔지요.

웡웡 돌다가 땡 소리와 함께 문이 다시 끼익 열렸어요.

프래니는 이고르를 꼭 안아 주며 말했지요.

"이고르, 내가 이걸 분해하는 동안 하고 싶은 거 해."

프래니는 이고르가 탁자 위를 정리하고 조각 퍼즐을 맞추는 모습을 보았어요.

잠깐이었지만 잠시 한몸으로 섞이고 나니 이고르를 좀 더 잘 이해할 수 있었지요.

프래니가 스패너를 내려놓고 이고르에게 다가갔어요.

"저건 나중에 분해할래. 이고르, 네가 왜 퍼즐 맞추기를 좋아하는지 이제 알겠어. **결과를 아는** 문제를 푸는 것도 좋은 거 같아. 나도 같이 해도 돼?"

이고르는 방긋 미소를 짓더니 프래니가 앉도록 자리를 내주었지요.

"나 진심으로 사과하고 싶어. 그래서 네게 주려고 특별한 퍼즐을 하나 만들었거든."

프래니가 상자를 하나 꺼내 들며 말했어요.

"네가 그린 그림으로 만든 조각 퍼즐이야. 난 너랑 내가 함께 있는 이 그림이 세상에서 제일 좋아."

둘은 새 퍼즐을 몇 시간이고 같이 맞추었지요.

프래니 엄마도 함께 퍼즐을 맞추었어요. 엄마도 치료제 덕분에 두꺼비에서 완벽한 사람으로 돌아왔답니다.

그 뒤로, 프래니는 이고르의 취미 생활을 존중하려고 노력했어요. 그리고 늘 고마워했고요. 누군가와 분자 단위로 쪼개져서 섞여 본다면 누구나 그렇게 되지요.

하지만 프래니는 이고르가 왜 양말을 맛있게 먹는지에 대해서만은 여전히 이해할 수 없었답니다.

세상의 모든 아이들이 프래니가 되길 꿈꾸며…

짐 벤튼의 이야기와 만화는 세련되고 유머스러우며 독자들을 즐겁게 하는 재치가 묻어 있다. 그는 〈엽기 과학자 프래니〉 시리즈를 통해 그의 만화와 이야기가 어린이들에게도 매력적일 수 있다는 사실을 유감없이 보여 주었다.

이 책의 주인공 프래니는 볼수록 매력적인 소녀다. 인형이나 꽃 대신 박쥐와 거미를 좋아하고, 과학에 반쯤 미쳐 있으며, 머리가 둘 달린 로봇과도 용감하게 싸우는 프래니를 보고 있으면, 입가에 미소가 절로 밴다. 악동 같은 눈망울과 장난기어린 미소의 이 엽기적인 꼬마 과학도가 친구들과 친해지기 위해 벌이는 좌충우돌 사건들을 보면서, 우리 아이들도 '우정'을 배우고, '상상력'을 키우며, '차이'를 인정하는 성숙한 청소년으로 자라게 되기를 바란다.

세상의 모든 어린이는 '타고난 과학자'다. 직접 만져 보거나 먹어 보지 않으면 안달하고, 마음대로 부수고 해부해 봐야 직성이 풀리는 엽기적인 실험 과학자, 나를 둘러싼 모든 것이 궁금

하고, 세상의 어떤 선입견으로부터도 자유로운 아마추어 과학자가 바로 아이들인 것이다. 돌이켜 보라. 우리들도 예전엔 조금씩 프래니가 아니었던가! 우리도 얼마나 프래니처럼 '엽기적인 방'과 '나만의 도시락'을 갖고 싶어 했던가!

부디 세상의 모든 꼬마 과학자들이 그 왕성한 호기심과 놀라운 상상력을 잃지 말고, 훌륭한 과학자로 성장해 주길. 특히 상상력으로 가득 찬 '세상의 모든 아이들'이 엽기적이어도 좋으니 프래니처럼 창조적인 과학자가 되어 주길 간절히 바란다.

우리 아이를 남들과 다르게 키우고 싶다면, 이 책을 펼쳐 보시길. 책장을 넘길 때마다 날마다 조금씩 성장하는 아이를 보게 될 것이다.

정재승(KAIST 바이오시스템학과 교수, 『정재승의 과학콘서트』 저자)

엽기 과학자

프래니

박쥐와 거미를 좋아하고, 엽기적인 발명품을 만들어 내는
엽기 과학자 프래니의 좌충우돌 발명, 모험, 우정, 성장 이야기!

뉴욕타임즈 베스트셀러 작가

국제독서학회 미국 아동 권장 도서

골든덕 과학도서상 수상작

미국 어린이책 센터 '그리폰상' 명예의 책

01 거대한 도시락 괴물

새 학교로 전학을 간 프래니는 친구를 사귀고 싶은 마음에 변신 물약을 만들어 친구들이 좋아하는 평범하고 예쁜 모습으로 변한다. 하지만 게호박 괴물이 담임 선생님을 납치해 가자, 본래의 모습으로 괴물 처치 작전을 펼치는데….

글·그림 짐 벤튼 | 옮김 박수현 | 116쪽 | 값 12,000원

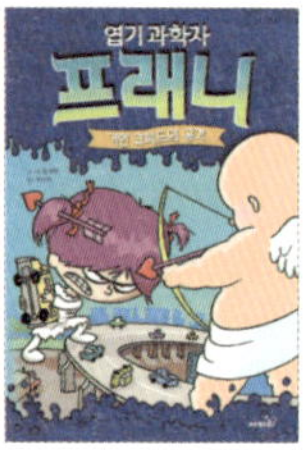

02 거인 큐피드의 공격

프래니는 사랑의 마음을 담은 밸런타인데이 카드에 어떤 말을 쓸지 몰라 고민한다. 그때 실험실 조수 이고르의 실수로 밸런타인데이 카드에 그려져 있던 큐피드가 어마어마하게 커져서 살아 움직이는데….

글·그림 짐 벤튼 | 옮김 박수현 | 116쪽 | 값 12,000원

03 투명 인간이 된 프래니

프래니는 친구들에게 엽기 과학을 가르쳐 주기로 결심하고는 머리가 둘 달린 미완성 로봇을 만든다. 하지만 엽기 과학을 전혀 모르는 친구들은 두 배로 멍청한 로봇을 만들어 내고, 그 로봇은 학교를 엉망진창으로 만들어 놓는데….

글·그림 짐 벤튼 | 옮김 박수현 | 116쪽 | 값 12,000원

04 타임머신 타고 시간 여행

프래니는 학교 과학 경진 대회에서 시간을 거스르는 장치 뾰로롱으로 최우수상을 타지만 자신의 중간 이름 때문에 웃음거리가 된다. 화가 난 프래니는 뾰로롱을 타고 아기였을 때로 돌아가 중간 이름을 '킹콩'으로 바꾸는데….

글·그림 짐 벤튼 | 옮김 박수현 | 116쪽 | 값 12,000원

국내에서만 200만 부 이상 판매된 초베스트!

05
지구 최후의 날 시한폭탄

프래니는 지구를 날려 버릴 만큼 강력한 폭탄을 만들어 낸다. 하지만 골칫덩어리 조수 이고르가 이 시한폭탄을 꿀꺽 삼켜 버리고 만다. 결국 프래니는 폭탄의 시한장치를 멈추기 위해 이고르의 콧구멍을 통해 배 속으로 들어가는데….

글·그림 짐 벤튼 | 옮김 박수현 | 116쪽 | 값 12,000원

06
복제 로봇과 프래니의 대결

프래니는 특별 과외 수업으로 지쳐 버린다. 그래서 엄마에게 과외 수업을 줄여 달라고 부탁하지만, 엄마는 들어주지 않는다. 결국 프래니는 과외를 대신할 복제 로봇을 발명하는데….

글·그림 짐 벤튼 | 옮김 박수현 | 116쪽 | 값 12,000원

07
반장 선거에 나간 프래니

반장 선거에 출마한 프래니는 친구들의 마음을 사로잡기 위해 개와 카멜레온, 앵무새의 DNA를 섞은 프래니 후보를 만든다. 프래니 후보는 반장에 당선되고 나자, 이번에는 대통령 선거에도 나가는데….

글·그림 짐 벤튼 | 옮김 박수현 | 132쪽 | 값 12,000원

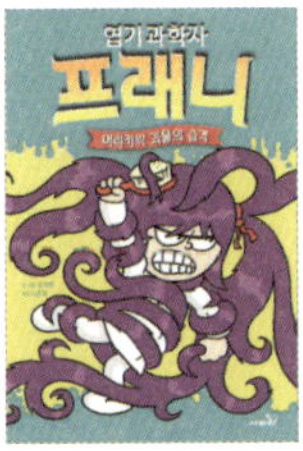

08
머리카락 괴물의 습격

프래니는 엄마가 화장품과 헤어드라이어 같은 것을 왜 좋아하는지 알아내려고 엽기 실험을 시작한다. 그런데 프래니가 발명한 약품을 머리에 바르자, 머리카락이 이상한 괴물로 변해 여기저기 돌아다니며 말썽을 일으키는데….

글·그림 짐 벤튼 | 옮김 노은정 | 112쪽 | 값 12,000원

09
재앙을 부르는 악마의 머핀

프래니는 친구들을 도와주려고 제빵 로봇을 만든다. 제빵 로봇은 아주 맛있는 머핀을 만들어 내고, 머핀은 아이들 사이에서 큰 인기를 얻는다. 그런데 아이들이 머핀을 좋아해도 너무 좋아하는데….

글·그림 짐 벤튼 | 옮김 양윤선 | 136쪽 | 값 12,000원

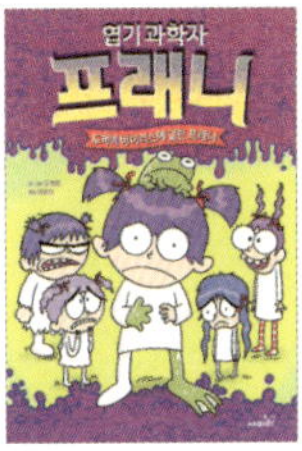

10
두꺼비 바이러스에 걸린 프래니

프래니의 실수로 연구용 두꺼비가 집 밖으로 달아난다. 도망친 두꺼비는 사람을 두꺼비로 바꾸는 바이러스를 퍼뜨린다. 세상은 두꺼비 바이러스 때문에 난리가 나고, 프래니마저 감염되고 마는데….

글·그림 짐 벤튼 | 옮김 양윤선 | 160쪽 | 값 13,000원

만능 엽기 박사 빅터

끊임없이 도전하는 빅터의 엉뚱하고 통쾌한 이야기와
창의적인 상상력을 지금 만나 보세요.

01
우주 전쟁 전략가 도전하기

빅터는 우주 전쟁 게임을 하다 우연히 외계인들이 있는 우주선으로 가게 돼요. 외계인들은 빅터에게 우주 전쟁에서 이기게 해 달라고 부탁하지요. 과연 빅터는 우주 전쟁에서 승리하고 무사히 지구로 돌아올 수 있을까요?

글·그림 짐 벤튼 | 옮김 신지호 | 122쪽 | 값 11,000원

02
좀비 사냥꾼 도전하기

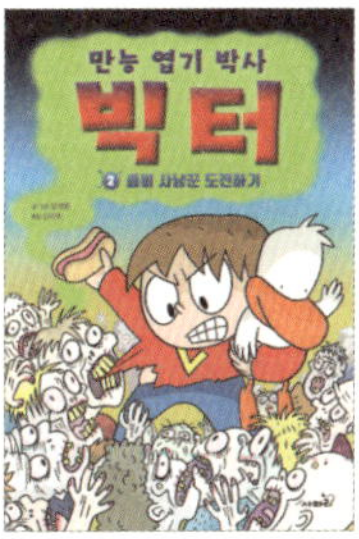

빅터는 친구 패티를 위해 새로운 첼로를 만들어 주었어요. 그런데 첼로의 어마어마하게 끔찍한 소리가 잠자고 있던 좀비들을 깨우고 말았죠! 과연 빅터는 좀비들의 공격을 물리치고 친구들을 구할 수 있을까요?

글·그림 짐 벤튼 | 옮김 신지호 | 112쪽 | 값 11,000원

01 무엇이든 못하는 게 없는
만능 엽기 박사 빅터!

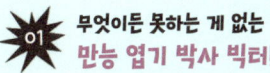

02 개성이 폭발하는
등장인물들!

03 만능 엽기 박사 빅터의
끊임없는 도전!

빅터의 멋진 활약을
기대해 주세요!

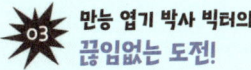